BADTAMEEZ. BEBAAK. BEPARWAAH

Sana Siddiquie

BookLeaf Publishing
India | USA | UK

Presentation by *BookLeaf Publishing*

Web: www.bookleafpub.com

E-mail: info@bookleafpub.com

ISBN: 9789363316607

First edition 2024

Dear diary, we did it!!

ACKNOWLEDGEMENT

Thank you so much, dear society, for being harsh on me that gave me the strength to pen down everything that I couldn't say to your face.

And a big big thanks to mother nature for plants, forest, waterfalls, puppies, rain, chai, Sagrika my family and friends, they never failed a moment to inspire me or force me to write.

I can never fail to mention all the Urdu poets with extraordinary poetry skills that caught my attention and I was like this is 'Dope'.

And special mention to Pakistani Coke Studio for improving my understanding of the Urdu language.

PREFACE

This book is a collection of 20 poems. Each poem talks about set societal norms and boundaries from the perspective of a girl coming from a conservative family.

The poet has tried to put up these poems in simple language but the depth of each of them is quite too much.

We don't exactly know why being different is always perceived as a threat to society. After all these rules, fatwas, so-called boundaries why these "4 log" are so insecure.

Some of these poems mock their irrelevant rules while other few just plainly refuse to accept the unnecessary drama.

The world can be full of love, empathy, humanity, kindness, and abundance of bliss if these sets of expectations are lowered and people are allowed to build true connections.

Why should a girl always know how to cook? Why is a boy always expected to bring wealth? Why are racism, casteism, religion, and thousands of criteria to judge? We don't need this, what we need is mindfulness, empathy, conversations about love, unusual things, stars, cosmos, forgiveness, kindness and the list goes on. But we never do that from the start. We are mold to follow a set of rules, we are not living, we are being programmed.

Freedom is the key, freedom to feel the emotions and not run from them, freedom to love and talk about it, freedom to understand, to touch someone's heart and make them smile.

Hope these poems get you a moment of freedom to connect with these words and find peace even if it's momentary.

All the very best!!

मासूम (Innocent)

किस्से मेरी बेबाकियों के मशहूर हैं सारे
ढूँढने को मुझमें कमियां मसरूफ़ हैं सारे,
तवज्जों यूं मेरी तरफ, कि, सब भूल बैठे हैं,
फ़िर भी मेरी असल सूरत से महरूम हैं सारे,
गिनते हैं मेरी गलतियां यूं गौर कर-कर के,
मेरे सिवा तो इस शहर में जैसे मासूम हैं सारे।

फ़र्ज़ किया है (Suppose)

कुछ अर्ज़ करना है,
समझ लो फ़र्ज़ करना है,
एक ज़िद्दी से दिल में, एक मासूम सा मामला दर्ज
करना है,
उसका ज़िक्र करना है,
बहुत बेफिक्र करना है,
ख़ुदको बदनाम करना है,
हां, शर-ए-आम करना है,
कि तुमसे "मुहब्बत" हो गई है,
ये बात कितनी ख़ास है,
ये सारे जहां में आम करना है!

आबरू (Honour)

कब मुझे घर की आबरू कर गए,
जब मेरी आवाज़ से वो डर गए,

वो तोहमतें लगाते गए,
मैं बे-हया बनता गया,

मुझे बे-पर्दा करते गए,
मैं बा-पर्दा होता रहा,

वो बोलिया गिराते गए,
मैं बा-हया बिकता गया,

रौंद कर मेरी चींख को,
मेरी कलम को जैसे 'जान' दी,

वो लफ़्ज़-लफ़्ज़ कहते गए,
मैं हर्फ़-हर्फ़ लिखता गया..

वो लड़की (That Girl)

एक लड़की, जो खुद पे ही मरती है,
आखों में अजब सी चमक, जाने किन फ़िज़ाओं में
फिरती है,
दिल को सदा रखती है,
प्यार उसमें थोड़ा ज़्यादा रखती है,
दरख्तों, परिन्दों, हर मुख्तलिफ़ ज़ुबान से बातें करती
है,
पता है,
मौसम उसके मिज़ाज से बदलते हैं,
बहार झूम उठती है, जब हवा उसकी ज़ुल्फ़ों से खेलती
है,
पता है,
चाँद से कुछ नाता है उसका,
कि रात उसे अपना हमदर्द समझती है,
कि इतनी खास हो कर भी वो खुदको आम समझती
है,
है एक अप्सरा सी लड़की,
जो खुद पे ही मरती है!

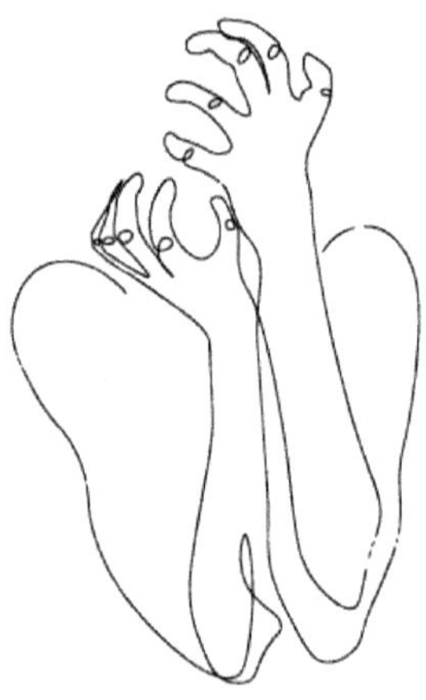

कशमकश (Dilemma)

अजब मुश्किल ख़ुमारी है,
ये कैसी कशमकश में हूं,
कोई नतीजा नहीं जिसका,
मैं ख़ुद से ऐसी बहस में हूं,
अजब मुश्किल ख़ुमारी है,
ये कैसी कशमकश में हूं।

ये ज़िंदगी दौड़ हो जैसे,
या वक्त की हमें भगाने की कोई साज़िश,
रौंद हमारे सुकून को, करते हमारे ख्वाबों की आतिश,
ये सब देखते हुए भी हमें है,
सब पा लेने की ख्वाहिश,
ऐ खुदा, मै ये कैसी हवस में हूं,
सुकून-ए-दिल बख्श या रब,
कि मैं हर पल तपस में हूं।

अजब मुश्किल खुमारी है...

हां (Yes, I do)

ये दिल, ये जां, ये जहां आपके नाम कर दें,
आप हमें यूं देखते रहें,
और हम,
हम अपनी "हां" आपके नाम कर दें!!

ग़ैर (Stanger)

अज़ीज़-ए-दिल जो होते थे,
शरीक-ए-गम ही ना हुए,
तो, ऐसे मुसाफ़िरों के जाने पे,
ये ज़िंदगी यूं रोना क्या।

नायाब-ए-रब है मुफ़्त यहाँ,
है चमक सारी मकरूहों की,
मुहब्बत भर के झोला बैठे हैं,
कि अब पाना क्या, अब खोना क्या।

एक पकड़ के उँगली हिम्मत की,
बस चार कदम तो चलना है,
जो तू बन ना सका हम-कदम मेरा,
तेरा होना क्या ना होना क्या।

चाँद (Moon)

एक मुद्दत बाद आज फिर से,
हम दो दीवाने बैठे हैं,
वो रूठा है, मैं राज़ी हूं,
शिक़वे भुलाने बैठे हैं,
वो वक्त का पाबंद है,
और हम, नज़र झुकाए बैठे हैं।

हर रोज़ शाम वो आसमां में,
एक आस के लिए आता है,
एक मेरी मुस्कान के पीछे,
हर रात दिल जलाता है,
आज जो हम, अब मिलने आए,
वो नज़र पलट के बैठा है,
वो रूठ अब गुम हो गया,
और हम, ये "चाँद" मनाने बैठे हैं।

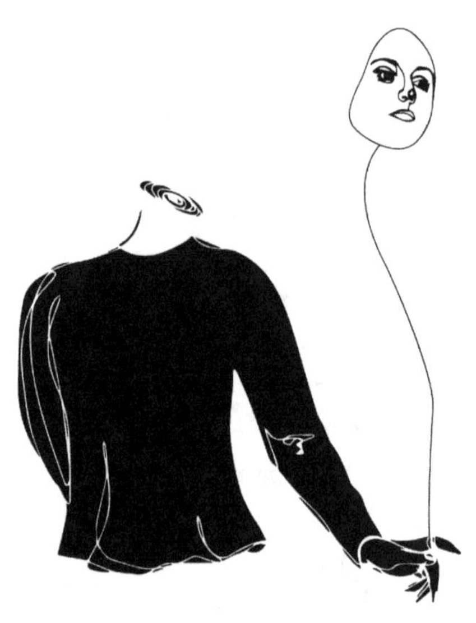

शिकवा (Complaint)

तुमसे ना चाहते हुए भी कुछ शिकायत है तो है,

अब ये खट्टा-मीठा सा रिश्ता यूँ ही क़ायम है तो है,

इतना भी कोई गिला नहीं है तुमसे,

ना तुमसे कोई खास शिकवा है,

फ़िर भी एक अनकही सी रंजिश है तो है,

कुछ है दरमियां हमारे, और हमे ख़ुद नहीं मालूम,

पास होते हुए भी कुछ खासा दूरियां हैं तो हैं,

तुम माशूक़ नहीं हो मेरे,

ना दोस्त, ना हमराज़ हो,

कोई उम्मीद भी नहीं है तुमसे,

बस एक अजीब वाजिब सा एहसास है तो है,

अब अगर ये किसी बेनाम रिश्ते का आगाज़ है तो है....

गुम (Lost)

गुमराह नहीं है हम,
बस, ख़ुद को ढूंढ रहे हैं,
सबके लिए मौजूद हैं हम,
बस ख़ुद को नहीं मिल रहे...

दिल (Heart)

एक फैसला दिल के ख़िलाफ,
और दिल ने तो जैसे नज़र ही फेर ली,
इतना खामोश हो गया है,
जैसी धड़कना ही बंद कर दिया हो,
जैसे चाहता हो,
कि, किसी को उस धड़कन का इंतज़ार हो,
कोई तो हो,
जो हमारे भी इश्क़ में ज़ार-ज़ार हो...

सब्र (Patience)

हर दक़्यानूसी ज़ंजीरों के,
ताज संभाले बैठे हैं,
तुम क्या तोड़ोगे दिल मेरा,
हर जज़्बात संभाले बैठे हैं।

एक चूरा सा अब दिल मेरा,
जो पास आओ तो चुभ जाए,
जो खोल दिया एक आंधी हो,
और, दहला दे हर धड़कन को,
हंसते इस चेहरे के पीछे है,
ज़ख़्म-ए-नायब छुपाये बैठे हैं,
झिलमिल इन पलकों के पीछे,
सैलाब संभाले बैठे हैं।

तुम क्या तोड़ोगे दिल मेरा...

फ़साद (Trouble)

ख्यालों की तरह गर दिल भी आज़ाद होते,
तो जाने कितने फ़साद होते,
कुछ दिल आबाद, तो कुछ आशिक बर्बाद होते,
हम मुहब्बत दिल में रख कर भी बा-एहतियात होते,
तो जाने कितने फ़साद होते,
हम तो हाथ मिला कर आगे निकल जाते हैं,
पुराने मुहब्बत के एहसास गर शादाब होते,
तो जाने कितने फसाद होते,
ख्यालों की तरह गर दिल भी आज़ाद होते,
तो सोचो कितने फ़साद होते।

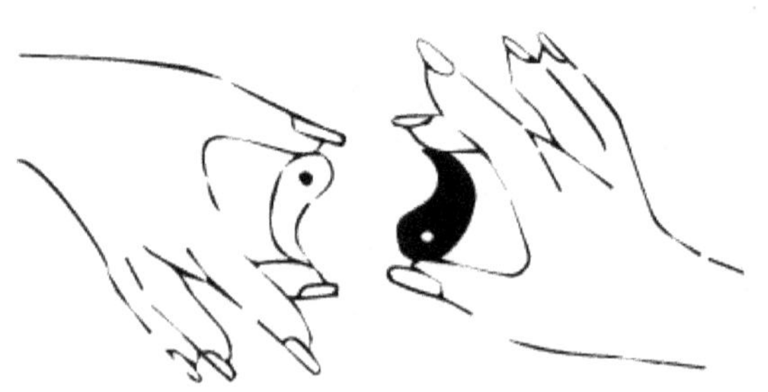

क़ीमत (Price)

लोग शख़्सियत को पैसों में कैसे तोल देते हैं,
सिर्फ़ ज़मीन-ओ-जागीर कम होने से 'ग़रीब' कैसे बोल
देते हैं,
चंद सिक्कों, कागज़ के टुकड़ों में दौलत ढूंढ लेते हैं,
और इंसानियत को रकीब बोल देते हैं,
क्या हुनर, किस बात का गुमां है,
नेकदिली, मासूमियत, मोहब्बत या मेहरबानियां,
ऐसी कौन सी दौलत इनके पास जमा है,
कैसे जीएं तेरी इस अजीब दुनिया में, या रब,
कि, अपने हुनर की कीमत मुझसे नहीं आंकी जाती,
ये नेकदिली का कटोरा मेरे भी हाथ से ले ले,
ये भीख, अब मुझसे, इस ज़माने से नहीं मांगी जाती...

रिहाई (Liberation)

कभी रूह को ख़ामोश करके बोला है,
ख़ुद की भी आवाज़ सुनाई नहीं देती,
कभी गैरों में ख़ुद को ढूंढा है,
कमबख़्त जैसे अपनी ही शक्ल कहीं दिखाई नहीं देती,
मुझे लगा था कि भूल जाऊंगी मैं,
वो सदमे, वो दर्द, वो नफ़रत, वो रुसवाई,
पर ये ज़माने की दिए ज़ख्म है, सना,
यूं ही इनसे ज़िंदगी रिहाई नहीं देती...

एक नज़र (A Glance)

ये उल्फ़त, इनायत, नज़ाकत तुम्हारी,
ये हैरत, ये शिद्दत, ये हसरत हमारी,
उठी मेरी नजरें ये जुर्रत हुई है,
पर तुम्हें देख कर ऐसी राहत मिली है,
कि रूह ने जैसे कोई आयत पढ़ी है,
ये नूरों सी, नेमत सी, सीरत तुम्हारी,
निगाहें झुका दें, ये ज़ीनत तुम्हारी,
तुम हो, कि एक सांचे में जैसे हर चाहत हमारी,
मुस्कुराना तुम्हारा है कोई विरासत,
जैसे हो कोई राब्ता तुमसे, या कोई रिवायत,
कि लुटा दूँ ये दौलत, ये शोहरत जहां की,
काश ऐसी लिखे कोई किस्मत हमारी,
दो पल और देखूं, कि, इजाज़त अगर हो,
बसा लूँ इन आखों में सूरत जो हां हो,
और दिल में छुपा लूं मासूमियत तुम्हारी,
यू नज़रों ही नज़रों में रुख़्सत करो अब,
बहुत पाकीज़ा है, ये मोहब्बत हमारी।

जन्नत (Heaven)

जन्नत में हूं, जहां से दूर हूँ,
ख़फ़ा, ख़फ़ा,
बचा लो अगर है आरज़ू,
ये ख़ामोशी चुरा लेगी...

दौड़ (race)

दुनियावी रफ़्तार में जो हुआ हूँ मैं इतना भाग रहा हूं
कि जैसे रुक गया हूं मैं।

ये बोझ ज़माने की नज़र और नज़रियों का, यूं बढ़ा,
कहते हैं भारी जवानी में ज़रा झुक गया हूं मैं।

गहराई (depth)

उन्हें लगता है मेरे अल्फ़ाज़ मेरी रूह का रोशनदान हैं

नादान किनारे पे बैठे हैं और समंदर में तूफ़ान है।

सना (Sana, your author)

फ़लक से उतरे, एक नूर, एक दुआ सी,
अँधेरे शब के बाद आई, सुबह सी,
संध्या आरती, गुरु शब्द, फ़ज्र के अज़ान सी,
अल्हड़पन में छुपी, एक ब-पर्दा, हया सी,
सुकून-ए-दिल सी, फ़िज़ा सी,
बचपन के अठखेलियों की तरह सी,
बेबाक, बिल्कुल बेपरवाह सी,
है एक लड़की,
चंचल सी, नादान सी,
सना सी...